NOTICE

SUR

JACQUES DE FALAISE,

Ses habitudes, sa nourriture, et les moyens qu'il emploie pour conserver sa santé.

A PARIS,

DE L'IMPRIMERIE DE BALLARD, IMPRIMEUR DU ROI,

RUE J.-J. ROUSSEAU, N°. 8.

1820.

Le Poliphage **JACQUES** de Falaisel,
chez Mʳ. Comte.

NOTICE

SUR

JACQUES DE FALAISE.

Jacques Simon, surnommé Jacques-de-Falaise, est né sur les bords de *l'Ante*, en 1754. Il passa une partie de sa vie dans les carrières de Montmartre, près Paris, où il fut constamment livré aux travaux les plus obscurs et les plus pénibles. Il ignora long-tems l'étonnante faculté dont la nature l'a doué ; et c'est avec une espèce de raison qu'il pourrait s'écrier, comme le Francaleu de la Métromanie :

« Dans mon *ventre*, un beau jour, ce talent se trouva,
« Et j'avais soixante ans quand cela m'arriva ».

Le hasard seul lui fit faire cette découverte, il y a quelques années ; Jacques assistait aux noces d'un de ses camarades ; son humeur enjouée l'avait fait rechercher par un essaim de jeunes villageoises, et il avait été forcé de quitter la table pour se mêler à leurs *jeux innocens*. Après la *main-chaude* et le *colin-maillard*, on en proposa un qui consiste à cacher, sur un des joueurs, une boîte ou un bijou, qu'une autre personne est obligée de chercher. Jacques, chargé de cacher une chaîne et un médaillon que la mariée venait d'ôter de son col, les avait imprudemment placés dans sa bouche ; la grimace que cet objet lui faisait faire, ne tarda pas à le dénoncer aux yeux du chercheur; après l'avoir désigné, celui-ci, qui soupçonnait la cause de son silence, le somma de dire enfin, s'il l'avait ou s'il ne l'avait pas : Jacques, un peu confus d'avoir été aussi promptement deviné, voulut donner le change à son adversaire; sans réfléchir aux suites d'une pareille action, il avala vivement la chaîne et le médaillon, puis, en ouvrant une large bouche, il dit : *Vous voyais ben que je n'lons point.* La surprise des assistans fut suivie d'un juste effroi, quand ils eurent acquis la certitude que Jacques avait réellement englouti dans son estomac le portrait du nouveau marié. Chacun s'empressa autour de lui, on le conjura de dire ce qu'il en avait fait; mais Jacques, impatienté par de si vives instances, et n'éprouvant d'ailleurs aucune incommodité par l'introduction de cet objet dans son estomac, s'échappa des mains de ses amis, en disant : *Marchais, marchais, je vous l'rendrons d'main.* Cette aventure étonna d'autant plus tout le monde, qu'il reprit ses travaux le lendemain avec une santé aussi parfaite que celle dont il jouissait avant cet événement. Depuis cette époque, il réitéra souvent cette expérience, et toujours avec un égal succès : des clés, des croix, des bagues, lui étaient confiées chaque jour pour qu'il les avalât. Aux objets inanimés succédèrent bientôt des animaux vivans, qui passèrent avec la même facilité; enfin, pendant à peu près une année, sa complaisance servit d'amusement aux nombreux ouvriers des carrières, et ce n'est qu'après s'être bien convaincu qu'il n'en pouvait résulter aucun danger pour lui, qu'il céda aux instances d'une personne qui l'engageait depuis long-tems à faire jouir le public de la vue d'un phénomène aussi extraordinaire.

Plusieurs docteurs en médecine et en chirurgie de la capitale, ont scrupuleusement examiné Jacques de Falaise; le résultat de leurs recherches n'a point donné l'explication de ce singulier phénomène; ils ont même reconnu, que ses organes absorbans n'offraient, dans leur intérieur, aucune différence sensible avec ceux des autres hommes ; le gosier de Jacques leur a seulement paru un peu plus large qu'il n'est ordinairement chez les autres individus de sa taille ; ils ont constaté encore qu'il était susceptible d'une plus grande dilatation ; mais cette différence, que les gens de l'art eux-mêmes ont déclaré être de fort peu d'importance, ne saurait rien faire préjuger sur la cause de cet étonnante faculté d'absorption, et laisse soupçonner, au contraire, une organisation toute particulière.

On ne saurait trop faire remarquer que Jacques a beau réitérer ses expériences plusieurs fois dans un même jour, il n'en est ni fatigué ni incommodé ; cela paraît d'autant plus surprenant, que chacun sait que l'introduction du plus petit corps étranger dans l'œsophage, suffit souvent pour donner la mort. L'histoire a conservé le souvenir de beaucoup d'accidens de ce genre. Anacréon mourut suffoqué par un grain de raisin qui s'était fixé dans son pharynx. Le poéte Gilbert fut étouffé par la clé de sa cassette qu'il avait avalée dans un accès de folie ; enfin, le sultan Selim, étant un jour aux pieds de sa sultane favorite, s'amusait à lui jeter des cerises qu'elle retenait dans sa bouche avec une adresse admirable ; le hasard voulut que l'une d'elles entrât précipitamment dans le gosier de cette esclave, et lui causa des spasmes et des convulsions au milieu desquelles elle expira.

Les expériences de Jacques semblent, au premier coup-d'œil, présenter des dangers, non moins grands et non moins certains ; il faut en convenir, l'entière certitude qu'il est déjà sorti victorieux de semblables tentatives est absolument nécessaire pour se défendre d'une surprise mêlée d'effroi, quand on lui voit enfoncer dans sa gorge, et jusqu'à la garde, une épée de vingt pouces de longueur. On s'attend au moins à la lui voir retirer toute ensanglantée , et l'on est fort étonné , après qu'il en a fait l'extraction , de voir que l'éclat de cette lame est seulement terni par l'humide impression de son haleine.

L'expérience d'engloutir des noix n'inspire pas les mêmes craintes ; car il nous arrive fréquemment d'avaler des noyaux de cerises et même d'abricots ; il faut cependant observer qu'il n'y a point de proportion entre un noyau de fruit , dont l'enveloppe est lisse et humide , et une grosse noix dont la coque est sèche et raboteuse. Cette déglutition d'ailleurs atteste une grande dilatation du gosier , et une insensibilité peu commune des membranes internes.

L'expérience d'avaler une pipe avec son fourneau contredit toutes les lois de la physiologie ; on ne conçoit pas comment les membranes délicates de l'intérieur des organes absorbans ne sont pas déchirées par le passage d'un corps aussi dur et qui présente plusieurs angles.

La déglutition de la rose , armée de ses épines , n'est pas moins difficile à concevoir ; il n'est personne qui, pour cueillir une rose , n'ait éprouvé combien la piqûre d'une seule de ses épines est sensible et douloureuse ; comment se fait-il donc que ces épines déchirantes s'émoussent dans le passage ? Une idée s'offre naturellement à l'imagination des spectateurs ; ces expériences s'exécutent dans un lieu où l'on est habitué à voir se succéder tout ce que l'adresse et la physique ont de plus amusant et de plus récréatif ; on est tenté de croire alors que les yeux sont encore fascinés par quelqu'une de ces aimables illusions, si familières à l'enchanteur du théâtre de l'Hôtel des Fermes ; mais il suffit d'un peu de réflexion pour n'avoir plus aucun doute sur l'existence du phénomène ; Jacques n'est pas un sorcier, il se présente seul, se place en vue des spectateurs , dont les regards peuvent suivre jusqu'à ses moindres mouvemens, et d'ailleurs les plus incrédules doivent aisément se convaincre que les moyens qu'on emploierait pour produire une illusion aussi parfaite dans ces expériences , seraient encore plus inconcevables que leur réalité.

Quant aux cartes, il est à remarquer que Jacques les engloutit sans les déchirer ou les broyer avec ses dents , et même sans prendre le tems de les amolir avec sa salive.

La souris blanche est originaire d'Afrique; c'est un petit quadrupède qui ressemble à l'écureuil pour la souplesse et la vivacité; cette souris, malgré sa petitesse, est redoutable par ses dents corrosives , et par des griffes très-aiguës dont l'impression produit une douleur cuisante. Il est impossible d'expliquer comment ces mêmes dents qui rongent et entament les corps les plus durs, respectent les membranes intestinales de Jacques de Falaise; Il ne s'est plaint jusqu'à ce jour que de quelques morsures à la lèvre.

Le pierrot est armé d'un bec très-fort et de serres très-vigoureuses, pour l'exiguité de son individu ; il est en outre revêtu de plumes, qui seules devraient suffire pour empêcher la déglutition rapide de ce volatile.

L'absorption d'une anguille et celle d'une écrevisse vivantes, nous ont toujours paru devoir être accompagnées de plus d'inconvéniens que celle d'une couleuvre ; l'anguille est plus agile et plus vivace que ce reptile , et il n'est pas rare, qu'un quart d'heure après l'avoir avalée, Jacques la sente encore remuer dans la cavité de son estomac. Lorsque l'agitation ou les sauts de l'un des animaux qu'il a engloutis se prolongent trop long-tems, il suffit à Jacques de boire quelques gouttes de rhum ou d'eau-de-vie, pour leur ôter tout mouvement et donner cours à la digestion qui s'opère alors comme celle des autres alimens.

C'est mal à propos qu'on a donné à Jacques de Falaise le surnom de *polyphage*; ce mot, d'après l'étymologie grecque, signifie *grand mangeur* , et cette épithète ne saurait convenir à Jacques , qui n'est nullement tourmenté par le besoin d'assouvir des intestins voraces; il prend même fort peu d'alimens, pour un homme qui a passé une partie de sa vie dans les champs, et qui a été livré à des travaux pénibles.

Il faudrait une dissertation plus longue et plus savante, pour parvenir à expliquer physiologiquement les étonnantes expériences de Jacques; cette explication ayant d'ailleurs paru impossible aux gens de l'art, au moins jusqu'à présent, il serait téméraire à nous de l'essayer. Cette faculté d'absorption s'écarte des lois ordinaires de la nature, on ne peut la considérer que comme une rare exception à laquelle l'habitude et l'exercice ont donné plus d'extension. Il est notoirement prouvé, par plusieurs années d'exercices, que les expériences de Jacques-de-Falaise, ne peuvent point nuire à sa santé; ce n'est point en forçant son tempéramment, en surmontant ses répugnances, qu'il parvient à précipiter ainsi tout vivans dans son estomac des animaux qui seraient l'objet de notre dégoût et de notre effroi; ce don est plutôt une des bizarreries de la nature qui l'a organisé de la sorte, et c'est à tort que quelques personnes ont pensé que ces expériences devaient finir par être fatales à celui qui consentait ainsi à les faire sur lui-même: nous croyons pouvoir les rassurer; les craintes qu'elles ont montrées ne sont nullement fondées, ce n'est point ici un suicide en détail que la cupidité fait commettre à Jacques-de-Falaise, c'est tout simplement un jeu de la nature, une exception, comme elle se plait quelquefois à en faire à ses règles générales; elle l'oblige même à prendre si peu de précaution pour conserver toute la force de son tempérament, qu'il lui suffit de mener une vie sobre et réglée et de faire un peu d'exercice chaque jour, pour n'éprouver aucune espèce de gêne de cette énorme quantité d'objets qui séjournent quelquefois vingt-quatre heures dans son corps. Nous terminerons cette notice par le récit de deux aventures qui viennent à l'appui de notre sentiment, et qui démontrent, jusqu'à l'évidence, que Jacques est doué de la faculté d'engloutir tous les objets quelconques, pourvu toutefois, que leur volume n'excède pas la capacité de son estomac.

Le 20 août 1815, Jacques faisait ses expériences devant un assez grand nombre de spectateurs, parmi lesquels se trouvaient quelques Anglais ; l'un d'eux lui ayant fait le défi d'avaler sa montre, Jacques le pria de la lui confier pour qu'il en examinât la grosseur ; à peine l'eut-il entre les mains, qu'il la plaça dans sa bouche et l'avala, ainsi que la chaîne et les trois breloques qui y étaient suspendues. Cette action de Jacques inspira presque autant de crainte que de surprise ; le silence qui régnait dans la salle ne fut troublé que par les cris d'effroi que jetèrent plusieurs dames, et auxquels se mêlèrent les nombreux *wery well* des habitans de la Grande-Bretagne. Le gentlemen ne manqua pas de raconter cette aventure à ses compatriotes qui, à cette époque, étaient en assez grand nombre à Paris ; chacun d'eux voulu s'assurer de l'authenticité de cette anecdote : le théâtre de M. Comte était rempli chaque soir ; mais Jacques offrait en vain de réitérer cette expérience, les spectateurs n'apportaient plus de montre ; enfin, au bout de quelques jours, un mylord lui proposa d'avaler des pièces de cinq francs ; Jacques accepta de grand cœur la proposition, et une trentaine de pièces furent englouties avec une facilité qui excita plus d'une fois le rire de l'assemblée ; ce jeu ne cessa, que lorsque le caissier de Jacques de Falaise eut déclaré qu'il n'avait plus de fonds.